www.ingramcontent.com/pod-product-compliance
Lightning Source LLC
LaVergne TN
LVHW010423070526
838199LV00064B/5399
9789358722901

پاکستانی اردو شاعری کے چار معتبر نام

(مضامین)

علیم صبا نویدی

© Taemeer Publications LLC

Pakistani Urdu Shairi ke chaar motabar Naam
by: Aleem Saba Navedi
Edition: March '2024
Publisher :
Taemeer Publications LLC (Michigan, USA / Hyderabad, India)

ISBN 978-93-5872-290-1

مصنف یا ناشر کی پیشگی اجازت کے بغیر اس کتاب کا کوئی بھی حصہ کسی بھی شکل میں بشمول ویب سائٹ پر اَپ لوڈنگ کے لیے استعمال نہ کیا جائے۔ نیز اس کتاب پر کسی بھی قسم کے تنازع کو نمٹانے کا اختیار صرف حیدرآباد (تلنگانہ) کی عدلیہ کو ہوگا۔

© تعمیر پبلی کیشنز

کتاب : **پاکستانی اردو شاعری کے چار معتبر نام**

مصنف : **علیم صبا نویدی**

پروف ریڈنگ / تدوین : اعجاز عبید

صنف : غیر افسانوی نثر

ناشر : تعمیر پبلی کیشنز (حیدرآباد، انڈیا)

سالِ اشاعت : ۲۰۲۴ء

صفحات : ۳۲

سرورق ڈیزائن : تعمیر ویب ڈیزائن

فہرست

(۱) ناصرؔ کاظمی کی تلمیحاتی شعر گوئی 6

(۲) احمد فرازؔ: شعری تہذیب کا خوبصورت آئینہ 13

(۳) پروین شاکر کی شاعری میں نسوانیت کی خوش بو 19

(۴) افتخار عارف کی ہمہ جہت غزل 25

ناصر کاظمی کی تلمیحاتی شعر گوئی

مزاج کی برانگیختگی واضطراب کے عالم میں بھی سوچوں کی سنجیدگی اگر دیکھنی ہے تو وہ ناصر کاظمی کی غزلوں میں دیکھ سکتے ہیں۔ ناصر کاظمی کی سوچوں میں برہمی یا برانگیختگی بھی دھیمی دھیمی لہروں میں نئی کیفیات اجاگر کرتی ہے۔ ناصر کاظمی کی غزلیں گوناگوں رنگوں کو منتشر کرنے والے عدسے ہیں جن کے طیف میں احساسات نتھر نتھر کر حروف میں کیفیتِ خیال کے دائرے بناتے ہیں اور اس طرح کیفیات بلبلوں کی طرح سطح پر اُبھر کر نہ صرف نظارگی کو سیر اب کرتے ہیں بلکہ سطح سے نیچے سالم بلبلوں کی قطاروں کے پیدا ہونے کی وجوہات کی تفہیم کا سامان بھی بہم پہنچاتے ہیں۔ ناصر کاظمی کی غزلیں منجھے ہوئے ذہن کی پیداوار ہیں جن میں شعری تہذیب کوٹ کوٹ کر بھری ہوئی ہے۔ ناصر کاظمی نے غزل کی شائستگی کو دوبالا کرنے میں بڑے انہماک سے کام لیا ہے۔ ان کے پُرسکون سوچوں کے دھاروں سے جب غزلیں جنم لیتی ہیں تو ان میں جذبات کی ہیجان پر قابو پاکر قلم کو حرکت دینے کا ثبوت ملتا ہے۔ ان کی غزلوں کا ہر شعر ایک نکھرے ہوئے گلدستہ کی صورت میں مرتب دکھائی دیتا ہے۔ ہر شعر شائستگی کا پیکر معلوم ہوتا ہے۔ بے جا لفظیات کے در آنے کی ان میں گنجائش ہی نہیں۔ خیال کے لیے الفاظ کی کفالت، شعر کو سبک سیلانی بخشتی ہے۔ نیز ان میں غنائیت بھی در آتی ہے۔ غزل میں ان تمام مستحسنات کی گنجائش ناصر کاظمی کے ہاں ملتی ہے۔ ناصر کاظمی جب تک تخلیقی سرگرمی میں مصروف

رہتے ہیں ایک عالم کو اپنے چاروں طرف پھیلا لیتے ہیں اور ادھر ادھر سے حسب ضرورت خوشہ چینی کر کے اپنے خیالات کی تکمیل میں لگ جاتے ہیں۔ ان کی دسترسی دور دور تک جاری رہتی ہے۔ قُرب و بُعد کا سوال ان کے لیے کوئی دقت پیدا نہیں کرتا۔ وہ دور کی چیز بھی واضح طور پر دیکھ لیتے ہیں۔ اور اسے قریب لا کر اس کا تجزیہ بھی کرتے دکھائی دیتے ہیں۔

ناصر کاظمی بہت صاف گوئی اور سبک روی کو اپناتے ہوئے ہی اپنے تخلیقی عمل کو آگے بڑھاتے ہیں۔ ایک عام قاری بھی ناصر کاظمی کی غزلوں سے حظ اٹھا سکتا ہے۔ اس صاف گوئی اور سبک روی کے باوجود ان میں فصاحت و بلاغت بر قرار ہے۔ ان کے بہت سے اشعار زبان زد خاص و عام بننے کے قابل ہیں۔ مثلاً یہ شعر:

اڑتی ہوئی زلف یوں پریشاں
جیسے کوئی راہ بھول جائے

وہی وقت کی قید ہے درمیاں
وہی منزلیں اور وہی فاصلے

ان اشعار کی خوبی یہ ہے کہ زود فہم ہیں اور ہمیشہ ذہن میں محفوظ ہو جاتے ہیں۔ ان سے ہر سطح کا قاری حظ اٹھا سکتا ہے۔ ناصر کاظمی ہر دقیق مضمون کو آسان ترین بنانے کے گُر سے واقف ہیں۔ ان کے موضوعات حقیقی زندگی پر چسپاں ہونے والے حقائق ہیں۔ یہ محض فکری کاوشیں نہیں، کوئی بھی موضوع کھینچ تان کر ذہن میں سمونے کا عمل نہیں ہے۔ صحیح معنوں میں غزل کے عروجی دور کی نشاندہی کرنے والی ناصر کاظمی کی تخلیقات "برگِ نے" میں سجادی گئی ہیں تا کہ مکرر مطالعہ کے کام آئیں۔

ناصرؔ کاظمی کی غزلوں میں جو شستہ و شائستہ لفظیات ملتی ہیں تو اس کی وجہ یہی ہے کہ ان کا بر محل استعمال ہوا ہے۔ انہیں تنہا کر کے پڑھیں تو کسی لغت پر پائے جانے والے الفاظ ہی ہیں۔ "شستہ و شائستہ" لفظیات کی اصطلاح بہت کم شعراء کے کلام کے تعلق سے کہی جا سکتی ہے۔ جتنے بھی عظیم غزل گو شعراء گزرے ہیں وہ اسی شستگی و شائستگی کے قائل رہے ہیں۔ کسی موقع و محل میں اس کی مناسبت سے ادائیگی لفظ نہ ہو تو وہ ہرگز شستہ و شائستہ نہیں کہا جا سکتا، اسی لیے اکثر شعراء کے ہاں بیشتر شعر کھردرے اور قدرے کم بلیغ محسوس ہوتے ہیں۔ ناصرؔ کاظمی کے ہاں اس کی گنجائش ہی نہیں۔ ان کے ہاں ایک بھی ایسا شعر نہیں ملے گا جو ان پر غیر شائستگی کا الزام عائد کرنے کا ذمہ دار ہو۔

ناصرؔ کاظمی کے ہاں سادگی اظہار کے باوجود علویت خیال اچھی طرح واضح ہوتی ہے۔ ان کے اشعار سے یہ بات ثابت ہوتی ہے۔

لے اڑی سبزۂ خودرو کی مہک
پھر تیری یاد کا پہلو نکلا

آنکھ کا تارا آنکھ میں ہے
اب نہ گنیں گے تارے ہم

شعلے میں ہے ایک رنگ تیرا
باقی ہیں تمام رنگ میرے

نگاہِ یاس کو نیند آ رہی ہے

مژہ پر اشک بوجھل ہو گئے ہیں

تکلیفِ غم فراق دائم
تقریب وصال یار کچھ دیر

ہر نفس شوق بھی ہے منزل کا
ہر قدم یادِ رفتگاں بھی ہے

ہم نے ایجاد کیا تیشۂ عشق
شعلہ پتھر میں نہاں تھا پہلے

ناصرؔ کاظمی کی غزلیں مانوس و مقبول اوزان ہی میں تخلیق پائی ہیں۔ دقیق بحروں سے انہیں یا تو کوئی دلچسپی نہیں دلچسپی ہے بھی تو اپنے انتخاب میں انہیں نہیں رکھا۔ انہیں غیر مردّف غزلیں بھی کہنے کا شوق ہے۔ اس کی وجہ یہ ہو سکتی ہے کہ قافیوں کی قید میں رہ کر تخلیقی عمل کو دھیما کرنے کی کوفت سے کبھی کبھی دامن بچانے اور ستا لینے کا خیال انہیں ہوتا ہو۔

ناصرؔ کاظمیؔ سماجی، سیاسی، معاشرتی اور تمدنی حالات سے نبرد آزما رہے ہیں۔ ان کے کلام میں تاہم کسی طرح کی تلخی یا گہرا کرب نہیں ہے۔ ان کے زخم رسنے کی بجائے مسکرانے کے عادی بن چکے ہیں۔

ان کے کلام میں کئی اشعار تلمیحاتی ڈھنگ کے ہیں۔ شاید اتفاقی طور پر قاری انہیں کسی واقعہ سے مربوط کرنے لگتا ہو یا واقعی قاری کا شک وشبہ ہی شاعر کا ایما ہو کچھ پتہ نہیں

چلتا۔ ان کے ان اشعار سے کیا تعبیرات قائم ہو سکتی ہیں؟

کیا دن تھے جب نظر میں خزاں بھی بہار تھی
یوں اپنا گھر بہار میں ویراں نہ تھا کبھی

کیا کہوں اب تمہیں خزاں والو
جل گیا آشیاں میں کیا کیا کچھ

یہ نگری اندھیاری ہے
اس نگری سے جلدی بھاگ

بہاریں لے کے آئے تھے جہاں تم
وہ گھر سنسان جنگل ہو گئے ہیں

خیال آ گیا مایوس رہ گزاروں کا
پلٹ کے آ گئے منزل سے تیرے دیوانے

شہر در شہر گھر جلائے گئے
یوں بھی جشن طرب منائے گئے

کیا کہوں کس طرح سرِ بازار

عصمتوں کے دیے بجھائے گئے

اس عہدِ نو میں قدر متاع وفا نہیں
اس رسم وراہِ عہد کہن کو ترس گئے

کہیں آگ اور کہیں لاشوں کے انبار
بس اے دورِ زماں دیکھا نہ جائے

ناصر کاظمی ہر دور کی غزل کے نبض شناس ہیں اور ہر دور کی مستحسنات کو اپنانے میں شوق اور مستعدی سے کام لیا ہے۔ غزل ناصر کاظمی کی محبوب ترین صنف ہے اور وہ اس سے ایک محبوب کی طرح عشق کرتے ہیں۔ گو کہ وہ اس کا اقرار نہ کرتے ہوں ان کی تخلیقات سے یہ بات پوری طرح واضح ہے کہ وہ اس صنف کو اپنے ہاتھوں کوئی زک نہیں پہنچائیں گے اسی لیے ان کی غزلیں اپنے پورے نکھار کے ساتھ تخلیق پذیر ہوئی ہیں۔ انہیں اس بات کا احساس ہے کہ غزل بہت سوں کے ہاتھوں مجروح بھی ہوئی ہے وہ اسے ایک معتوب بات تصور کرتے ہیں۔ ناصر کاظمی شاید اس ضمن میں یہ اشعار نہ کہے ہوں مگر قاری ان اشعار سے ایسا اثر لے سکتا ہے۔

بقدر تشنہ لبی پُرسش وفا نہ ہوئی
چھلک کے رہ گئے تیری نظر کے پیمانے

بھٹک رہا ہے جہاں قافلہ بگولوں کا
کبھی ہجوم تھا ان راستوں میں پھولوں کا

ذرا گھر سے نکل کر دیکھ ناصرؔ
چمن میں کس قدر پتّے جھڑے ہیں

ویراں پڑا ہے میکدہ حسنِ خیال کا
یہ دور ہے بہائے ہنر کے زوال کا

اور اردو غزل کے ہر دور سے اپنی وابستگی و سرشاری کا احساس ناصرؔ کاظمی کو ہے اور اس ضمن میں یہی ایک شعر کافی ہے۔

ڈھونڈیں گے لوگ مجھ کو ہر محفل سخن میں
ہر دور کی غزل میں میرا نشاں ملے گا

***

احمد فرازؔ: شعری تہذیب کا خوبصورت آئینہ

احمد فرازؔ ان معدودے چند شعرا میں شمار کئے جاتے ہیں جن کے ہاں بھرپور انفرادیت اور اثر اندازی کی خصوصیات ملتی ہیں۔ اردو شعری ادب کی علویت عالمی سطح پر دیگر اعلیٰ زبانوں کے متوازی قائم ہو چکی ہے اور اس کو اس مقام پر لے جانے میں ہر دور کے مخصوص شعرا کی کاوشیں شامل ہیں۔ موجودہ دور کے شعرا کے اس مخصوص زمرے میں احمد فرازؔ کا ہونا بہت ضروری ہے۔ احمد فرازؔ نے اپنی نظموں اور غزلوں کے ذریعے بہت سی ان ابعاد کا احاطہ کیا ہے جن کو چھوتے ہوئے بھی بہت سوں نے بھرپور لمس کا احساس پیدا نہیں کیا۔ احمد فرازؔ نے لفظ و خیال کے درمیان کی دوریوں کو اس طرح پاٹنے کا عمل کیا ہے کہ دونوں بیک وقت ایک ہی جامہ کے دو نام لگتے ہیں۔ احمد فرازؔ نے اپنے تصور کو ابھارنے میں لفظوں کو بہت کفایت سے برتا ہے اور ان کے ہاں الفاظ کی بے جا مردنی نہیں ملتی نہ ہی وہ الفاظ کے ذریعہ تصور کو زخمی ہونے دیتے ہیں۔ بہ الفاظ دیگر لفظ و خیال کی صحت کی ضرورت کو احمد فرازؔ جتنی اہمیت دیتے ہیں وہ کسی اور کے ہاں نہیں دکھائی دیتی۔ احمد فرازؔ صالح روایت کے بہت زیادہ پاسدار ہیں مگر روایت ان کے ہاں قدامت پرستی نہیں ہے بلکہ جدیدیت کو بھی جگہ دینے والا ایک شستہ و شگفتہ مزاج ہے جس سے تازگی کی حلاوت اور زندگی کی تمازت برقرار رکھی جاسکتی ہے۔ ان کی ہر غزل کا دامن انوکھے خیالات و مضامین کا گلدستہ دکھائی دیتا ہے۔ احمد فرازؔ کا ہر شعر ناگفتہ خیال کا احساس دلاتا ہے۔ عام خیالات کو پامال کرنے کا ہی وہ عام روش سے اچانک پھلانگ لگا کر

دوسری نئی روش پر خود آمادہ کر لیتے ہیں۔ وہ ہر منظر کو نئے زاویہ سے دیکھنے کے عادی ہیں۔ وہ وہاں جا کر کھڑے ہوتے ہیں جہاں تمام تماشائی نہیں ہوتے۔ اسی لیے ان کا ہر شعری تجربہ دیگر زاویہ سے معانیہ کی بات بن جاتا ہے۔ احمد فرازؔ کے اس زاویۂ فکر کے بہترین غماز مندرجۂ ذیل اشعار ضرور ہیں۔ یہاں عام روش سے گریز کے عمل کے ساتھ ساتھ بھرپور روایتی پاسداری اور تازگی و شگفتگی اظہار دکھائی دیتی ہے۔

جن کو پیراہن توقیر و شرف بخشا ہے
وہ برہنہ ہیں انہیں خلعتِ رسوائی دے
وہ ہوس ہو یا وفا ہو بات محرومی کی ہے
لوگ تو پھل پھول دیکھیں گے شجر دیکھے گا کون
اب اور کوئی علاج غم کا
اب زہر شراب ہو چکا ہے
اب اس کے ہجر میں روئیں نہ وصل میں خوش ہوں
وہ دوست ہو بھی تو سمجھو کہ دوستانہ گیا
پھر بورہا ہوں آج انہیں ساحلوں پہ پھول
پھر جیسے موج میں یہ سمندر نہ آئے گا
اب اپنا دل بھی شہر خموشاں سے کم نہیں
سن ہو گئے ہیں کان صدا پر دھرے دھرے

ان کے سبھی شعر ایک ایسا شعری تجربہ ہیں جہاں شاعر پوری حسیت اور لطافت کو برقرار رکھتے ہوئے جدید روشنی کی تلاش میں سنہری وادیوں کی سیر کرتا دکھائی دیتا ہے۔ وہ تاریکی سے تیر چلانے کا روادار نہیں ہے۔ ہر بات بھرپور اجالے میں کہی جاتی ہے۔ ان

کے ہاں شدّت و شکایت جیسی متضاد باتیں نہیں ملتیں۔ کہیں کہیں وہ کسی بات سے مجروح ہوتے بھی ہیں تو اپنے زخم کو چھپانے کے لیے وہاں پھول ڈال دیتے ہیں اور کہیں انہیں پھولوں کے درمیان کسی کے زخم کو تلاشنا بھی کیفیات کو تلاشنے میں بہت دلچسپی لیتے دکھائی دیتے ہیں۔ ان کے یہ اشعار اس ضمن میں ضرور اثر انداز ہیں۔

اے ہم نفسو کچھ تو کہو عہد ستم کی
اک حرف سے ممکن ہے حکایت نکل آئے

دیکھنا سب رقصِ بسمل میں مگن ہو جائیں گے
جس طرف سے تیر آئے گا ادھر دیکھے گا کون

احمد فرازؔ کے اندر ایک قوی اور حسّاس شاعر ضرور ہے مگر ساتھ ہی ساتھ وہ انسان کی بہت سی کمزوریوں سے بری نہیں ہیں۔ فنی گرفت کے باوجود انسانی نحیف حسیّت کے باعث وہ کہیں ٹوٹتے اور بکھرتے بھی لگتے ہیں۔ ان کے اس انتشار میں بھی ان کی شعری جمالیت سالم اور صحت مند ہی ملتی ہے۔ شاعر ان کیفیات کو اپنے طور پر پورے والہانہ انداز سے اجاگر کرتا ہے۔

ڈوبنے والا تھا اور ساحل پہ چہروں کا ہجوم
پل کی مہلت تھی میں کس کو آنکھ بھر کر دیکھتا

وہ منظر اضطراب تجھے کس طرح بھُلائیں
اب یہ عذاب کیسے طبیعت بحال ہو

اگلی محبتوں نے وہ نامرادیاں دیں
تازہ رفاقتوں سے دل تھا ڈرا ڈرا سا

اس کی محفل نہ سہی ہجر کا صحرا ہی سہی
خواب و خوشبو کی طرح آؤ بکھر جائیں کہیں

تیری نظروں میں مرے درد کی قیمت کیا تھی
میرے دامن نے تو آنسو کو گہر جانا ہے

صرف چہرے ہی اگر کرب کے آئینے ہیں
کیوں نہ پھر دل کا لہو آنکھ میں بھر کر آیا

یہ بھی اک شیوۂ رفاقت ہے
جانے والے کو راستہ ہی دے

تو لاکھ فرازؔ اپنی شکستوں کو چھپائے
یہ چُپ تو ترے کرب کا اظہار کرے ہے

احمد فرازؔ جتنے اچھے غزل کے شاعر ہیں اتنے ہی اچھے نظم کے شاعر بھی ہیں۔ غزلوں سے ہٹ کر نظموں میں آتے وقت ہمیں ایک ہی شاعر کا دوسرا روپ بھی سامنے اُجاگر ہوتا ہوا دکھائی دیتا ہے غزل کہتے وقت شاعر جس "کالیڈ سکوپ" میں تصوراتی دنیا سے

حقیقی دنیا میں عود کر آتا ہے اور سامنے کے منظر کی شناخت کا براہ راست عمل شروع کر دیتا ہے۔ ہاں غزل کی سیر میں اس نے جن لفظیات کی تتلیاں جمع کی تھیں ان میں سے بعض کو نظم کی فضا میں کھول کر آزاد کر دینے کے عمل سے باز نہیں آتا۔ انکی نظموں میں بھی غزل کی جمالیت اور اظہار کی رنگت بھی غزل سے مستعار لی ہوئی لگتی ہے۔ ان کی نظموں میں "کون سی نظم بہت زیادہ متاثر کرتی ہے اور کون سی کم" والا سوال نہیں اٹھتا۔ ہر نگینہ اپنی جگہ بہتر تراشا ہے۔ ان کی نظموں میں جدید نظم گوئی کی بھرپور نمائندگی دکھائی دیتی ہے۔ وہ جدید ادب کے چلن اور بانکپن سے آگاہی رکھتے ہیں۔ ان کی بعض نظموں میں روایت سے دست کشی کا عمل بھی نظر آتا ہیں۔ ان کے ہاں نظم کے فارم کو بدلتے وقت اس طرح کا احساس اجاگر ہوتا ہے ایسے موقعوں پر بھی ان کے ہاں ارکان کو توڑنے کا کہیں عمل نہیں دکھائی دیتا۔ انکی ہر نظم اظہار کی بہترین سیاّلیت سے آراستہ ہے۔ خیال کا تواتر لفظی پیچیدگیوں سے کہیں مجروح نہیں ہوتا۔ ان کی نظموں کی یہ سطریں اسی خیال کی تائید کرتی ہیں:

تمہارے نظموں کے نرم پودے
نئ رتوں کی شدید لُو سے جھلس گئے ہیں
گلاب کے سرخ سرخ پھولوں کو
کاسنی سانپ ڈس گئے ہیں
وہ گفتگوؤں کی آبجوئیں
سکوت کے ریگ راز میں دفن ہوگئی ہیں
(کہا نہیں تھا)

خاک و خوں کے اس گلابے سے
میں اپنے بھاری بوٹوں کو نکالوں کس طرح
یہ مری بندوق میرے دوش پر اک بوجھ ہے
(میں ترا قاتل ہوں)

اس طرح احمد فراز برصغیر ہند و پاک کی شعری تہذیب کا ایک خوب صورت باب ہیں۔ جس کو مبصّر و نقّاد مزید معتبر بنانے میں ہمیشہ اور ہر دور میں جڑے رہیں گے۔

***

پروین شاکر کی شاعری میں نسوانیت کی خوش بو

پروین شاکر بر صغیر ہند و پاک میں اتنا عظیم اور معتبر نام ہے کہ اس نام سے منسوب ہر تخلیق فن کی انتہائی (بلند ترین) منزلوں پر براجمان دکھائی دیتی ہے۔ ان کی زبان میں پروئے ہوئے لفظوں کا انتشار منشوری انعطاف کے زیر اثر ست رنگی ہو جاتا ہے اور ان لفظوں سے معنی کا ادراک قاری کو نہ صرف محظوظ کرتا ہے بلکہ اعلیٰ ہنر مندیوں کی داد طالب کر لیتا ہے۔ پروین شاکر جدید دور میں شاید بہت آخر میں آئی ہیں۔ یعنی وہ دو ادوار کے درمیان رونما ہونے والے ادبی رویے کی بھرپور نمائندگی کرتی ہیں۔ ہر دور کی قدر اس دور کے اعلیٰ ادب کے معماروں کے باعث طے پاتی ہے۔ پروین شاکر بھی اپنے دور کی ایسی شاعرہ ہیں کہ ان کے بنائی ہوئی فنی عمارت موجودہ اور آئندہ نسلوں کو اپنی طرف متوجہ کرتی رہے گی۔

پروین شاکر غزلوں اور نظموں کے مجموعی تاثر میں زیادہ فرق نہیں نظر آتا۔ ان کا ذہن سبک ساری سے فاصلے طے کرتا ہے اور تخیل کے دھارے صنف کے عین مطابق بہتے دکھائی دیتے ہیں۔ نثر میں بھی ان کی گفتگو موضوعات کے اعتبار سے بڑے متین اور شاندار رہے۔ "صد برگ" کے آغاز میں آپ نے جو کلمات "رزق ہوا۔۔۔۔۔" کے عنوان کے تحت نقل کئے ہیں ان سے ان کی اس عالم امکان میں موجودگی کی اہمیت کا پتہ چلتا ہے۔ وہ اپنی گفتگو کو علامتوں کے سپرد کرتی ہیں۔ یہ علامتیں نقش کاری کے کام کے ساتھ ساتھ اثر اندازی کا رول بھی ادا کرتی ہیں۔ وہ کہہ رہی ہیں کہ " محنتیں آندھیوں سے

منسوب نہ سہی، مگر ہوا کے ہوتے ہوئے ثمر کا شجر سے ربط رہنا بھی محال ہے۔ لیکن شجر کتنا ہی ویران کیوں نہ ہو، امید بہار سے پیوستہ ہے۔ پھول کتنا ہی پامال کیوں نہ ہو اچھے دنوں پر یقین کرنے والے کوئی نہ کوئی اچھا شگون لے ہی لیتے ہیں۔"

پروین شاکر اپنے دور کے تمام شعرا کی موجودگی میں سب کی طرح بھی ہیں اور سب سے الگ بھی دکھائی دیتی ہیں۔ ان کی غزلوں کے موضوعات بہت زیادہ فلسفیانہ بھی نہیں اور بہت سبک بھی نہیں۔ وہ اپنی صنف نازکی کے باعث اس عالم جبر سے بچ بچ کی نکل جاتی ہیں اس کا انہیں بہت زیادہ احساس ہے۔

مرے لیے تو وہ خنجر بھی پھول بن کے اُٹھا
زبان سخت تھی، لہجہ کبھی کرخت نہ تھا

وہ بھی کسی گل ہی کی طرح ہوں گے جس کے ساتھ ہوا کے جھونکوں کو بھی سبک روی کی سوجھتی ہوگی۔

جھونکے کچھ ایسے تھپکتے ہیں گلوں کے رخسار
جیسے اس بار تو پت جھڑ سے بچا ہی دیں گے

پروین شاکر "ہوا" کی علامت کے ذریعہ کتنے ہی خیالات کو ادا کرنے میں کامیاب ہوتی ہیں۔ ان کے یہ تمام اشعار الگ الگ احساس کی دین ہیں۔

سمیٹ لیتی شکستہ گلاب کی خوشبو
ہوا کے ہاتھ میں ایسا کوئی ہنر ہی نہ تھا

ہوا کے لائے ہوئے بیج پھر ہوا کو گئے
کھلے تھے پھول کچھ ایسے کہ جن میں زر ہی نہ تھا

مذکورہ بالا شعر میں تخلیقی عمل میں کام آنے والے جوہر کی غیر موجودگی کا اعلان ہے۔

تراش کر مرے بازو اڑان چھوڑ گیا
ہوا کے پاس برہنہ کمان چھوڑ گیا

دستک ہے ہوائے شب کی تن پر
کھلتا ہے نیا دریچہ فن پر

جو ہوا آئی، مرے چہرے پہ پاؤں رکھ گئی
اونچی شاخوں کا شگوفہ برگ نو رستہ ہوا

پہلے مصرعے میں "پاؤں" کا وزن "فعلن" استعمال ہوا ہے جب کہ اس کا وزن "فاع" کے برابر ہے قدیم شعرا نے اسے "فاع" کے وزن پر ہی نظم کیا ہے۔

یہ ہوا کی سرد مہری تھی کہ میرے دل کا خوف
جم گیا ہے ہونٹ پر آ کر نفس حرف کا

غزلوں ہی میں نہیں نظموں میں بھی اسی علامت سے انہوں نے بہت کام لیا ہے۔ مثلاً

ہوا میں زمردگھلا ہے
(شجر کا بدن ایک لمس گریزاں میں شاداب کر دے)
(غور کی بات یہ ہے کہ ہوا کی مناسبت سے "لمسِ گریزاں" جیسی اضافت صفتی
کتنی اچھی طرح نبھائی گئی ہے۔)

جابر حاکم کے دل جیسا
تنگ سیاہ پہاڑ

فطلوں کی آنکھوں جیسا
ہر پتھر کا سینہ
ہوا چلی اور جاگ اٹھا
کوئی زخم پرانا۔۔۔(نیرنگ)

ہوا چلے تو
اپنی سمت بلاتی ہے
چیڑ کے نرم گھنے پتوں میں
اٹکی ہوئی بارش کی ہنسی!(ہوا چلے تو)

یہی ایک علامت نہیں بلکہ ان کے ہاں ایسی بے شمار علامتیں ہیں جن کو برتنے میں انہیں بڑی مہارت ہے۔ دھوپ، پتہ، شاخ، پھول، خوشبو، تن وغیرہ میں انھوں نے اپنی نسوانیت کو ملحوظ رکھتے ہوئے ہر طرح کی مضمون آفرینی کی ہے۔ ان کی شاعری میں نسوانیت کی بھینی بھینی خوشبو ہوا میں گھل کر قاری کے ذہن کو معطر ہی کرتی رہتی ہے۔ وہ خود حیران ہیں کہ

مرے لہجے میں ایسی نرم فامی کب سے در آئی
کہ جس سے بات کرتی ہوں
سماعت پھول چنتی ہے(جمال ہم نشیں)

لفظیات کے انتخاب میں پروین شاکر کچھ زیادہ احتیاط نہی برتتی ہیں اس لیے کہ ان کے ہاتھوں میں آکر ہر لفظ منتخب ہو جاتا ہے۔

پروین شاکر کے ہاں غزل بہت نکھری ہوئی ہے۔ ان کے لہجے میں تراوٹ اور سجاوٹ

دونوں ہیں۔ ان کے یہ شعر بار بار پڑھنے کو جی چاہتا ہے۔ شاید قاری کا یہی احساس ہو۔

ہری ہونے لگی ہے شاخ گریہ
سر مژگاں گلاب آنے کو ہے پھر

میں اس کی آنکھوں کو دیکھتی ہوں تو سوچتی ہوں
نظر کا ایسا طلسم کس داستان میں تھا

جدائی کا فیصلہ تو پھر بھی ہمارا ہوتا
یہ مان بھی لیں گے اگر کوئی درمیان میں تھا

ہارنے والوں سے سمجھوتہ کہاں ممکن تھا
حرف ملتے بھی تو مفہوم بدل جاتا تھا

خوشبو کا حساب ہو چکا ہے
اور پھول ابھی کھلا نہیں ہے

غزل ہی میں نہیں، نظم میں ایسے حصے مل جاتے ہیں جو غزل کے اشعار ہی کی طرح وجدان کو دعوت دیتے ہیں۔

میں اس کی خوش گماں آنکھوں سے
دنیا دیکھتی ہوں
مسکرا کر سوچتی ہوں

زمیں یک لخت کتنی خوبصورت ہوگئی ہے!(جمال ہم نشین)

میرے جاگتے تن پر
دھنک کی اتنی قوسیں بن چکی تھیں
آج جتنی بار مجھ کو دیکھ کر تو مسکرایا تھا
(محبت آشنا)

"صدبرگ" میں پروین شاکر کے خیالات کے سینکڑوں چہرے ابھر آئے ہیں۔ ہر چہرہ صرف اپنی نسوانیت کا اعلان کرتا ہے۔ پروین شاکر جیسی شاعری سب کا مقدر نہیں بن سکتی۔ یہ عظیم شاعرہ فنکار کو بھی رموز فن سکھاتی ہے۔ وہ اس رہبری سے واقف ضرور ہیں اور انکساری سے گریزاں ہیں، وہ محض یہی کہہ سکتی ہیں۔

سرشاری رہبری میں دیکھا
پیچھے مرا قافلہ نہیں ہے

وہ قافلے کی گمشدگی کی ذمہ داری کیسے قبول کرتیں کیونکہ ان کی طرح کی چال قافلہ کہاں سے چل سکتا تھا!!

پروین شاکر کی اچانک پردہ پوشی سے ایک بہت بڑا خلا ادبی دنیا میں پیدا ہوگیا ہے جس کو پر کرنا کسی شاعرہ کے بس کی بات نہیں۔ اب دور دور تک ان کے معیار کے افق کو چھوتی ہوئی کوئی شاعرہ ہندوپاک میں دکھائی نہیں دیتی۔ ایسا لگتا ہے کہ اب اردو شاعری کسی نسوانی ادیبہ کے بس کی بات نہیں رہ گئی۔

***

افتخار عارف کی ہمہ جہت غزل

افتخار عارف کی غزل پاکستانی غزل کی فکری اور جذباتی کائنات میں اپنے اسلوب کی ندرت اور الفاظ کی نئی معنویت اور موضوع کی سماجی و سیاسی اہمیت متعین کرنے میں پیش پیش ہے۔ ان کی غزل سے متعلق گوپی چند نارنگ نے یوں تحریر کیا ہے:

"ان کی غزلوں میں ایک نئی آواز اور نئی معنویت ملتی ہے۔ ان میں جو سماجی مفہوم ہے یا جبر کے خلاف جو احتجاج ہے وہ جذباتیت کی دین نہیں بلکہ موجودہ صورت حال کی بے مہر آگہی سے پیدا ہوا ہے"۔

افتخار عارف کی غزل کا پیرایہ، اس میں موجود استعارات، اور علامات، ان کی غزل کو ایک ایسے موڑ پر لے جاتے ہیں جہاں غزل نئے مفاہیم کی شدت اور خیال کی دھار کی تیزی اختیار کر لیتی ہے۔ ان کا ڈکشن خیال کو بین السطور لے جاتا ہے اور براہ راست ترسیل کے سپاٹ پن کو بالکل ناپید کر دیتا ہے اور مفہوم گرم بخارات کی طرح بین السطور سے ابھر کر قطروں کو ذہن کے شیشوں پر جما دیتا ہے۔ ذہن سے قلم و قرطاس میں اور قلم و قرطاس سے الفاظ میں مفہوم کو ایک میکانکی چکر دے کر دوبارہ اظہار میں سمو دیتا ہے۔ یہ عمل شاعرانہ بھی ہے اور غیر شاعرانہ بھی مگر افتخار عارف اسی عمل کو فن کا مرتبہ دینے میں کامیاب ہیں۔ اس عمل کے غیر شاعرانہ مزاج والی بات کچھ عجیب سی ہے اس لئے کہ شاعری میں غیر شاعرانہ والی بات کچھ معقول نہیں اور نہ ہی منطقی طور پر اس کا استدلال ممکن ہے۔ یہ صرف کہنے کا ایک نامنطقی ڈھنگ ہے اور افتخار عارف کے اسلوب کو سمجھنے

اور سمجھانے کے لیے یہی نا منطقی ڈھنگ بہتر ہے۔ الفاظ کا بکھیڑا شاعر کو غیر شاعرانہ پیچیدگیوں میں لے جاتا ہے اور ان پیچیدگیوں سے نکل کر الفاظ بین السطور میں جب معنی ابھارتے ہیں تو یہی غیر شاعرانہ عمل فنی صورت اختیار کر لیتا ہے۔ غالباً افتخار عارف گھوم پھر کر بات کہنے کے عادی ہیں۔ ان کے شعر کے دو مصرعوں میں الفاظ لازم و ملزوم بنتے ہیں تو ایک عجیب سی تیزی کے ساتھ مفہوم ابھرتا ہے اور الفاظ اپنا کام کر کے گم ہو جاتے ہیں۔ اور صرف شعر کا مفہوم ایک خاکہ کی طرح ٹھہر جاتا ہے۔

افتخار عارف کہیں دقّت گوئی سے کام لیتے ہیں تو کہیں حد درجہ سلاست کا رویہ بھی اختیار کر لیتے ہیں جب وہ سلاست کا رویہ اختیار کرتے ہیں تو دیگر شعرا کی طرح تخلیقی عمل سے گزر جاتے ہیں اس وقت بھی ان کے شعر کا مفہوم بین المصرعین ہی مرتب ہوتا ہے۔

ان کے اظہار کے دونوں رنگ ان اشعار میں بخوبی اجاگر ہیں

متاع جاں کا بدل ایک پل کی سرشاری
سلوک خواب کا آنکھوں سے تاجرانہ تھا

ہوا کی کاٹ شگوفوں نے جذب کر لی تھی
تبھی تو لہجۂ خوشبو بھی جارحانہ تھا

افتخار عارف شانہ بہ شانہ اپنے دور کے شعرا کے ساتھ آگے بڑھے ہیں مگر ان کی چال اپنے ہمراہیوں سے بالکل مختلف ہی رہی۔ انہیں اپنے ہم نفسوں، عزیزوں اور چاہنے والوں کی قربت کا احساس لبھاتا ہے۔ وہ تنہائی پسند بھی نہیں ہیں اور بزم و انجمن کے ویسے زیادہ شیدائی بھی نہیں مگر اداسی ان پر جب بھی چھاتی ہے وہ کسی کنج کی تلاش میں مگن ہو جاتے ہیں۔ جب قربت کی سرشاری ہوتی ہے تو وہ اس انداز سے کھل اٹھتے ہیں۔

میں نے تمہاری قربت کی سرشاری میں
کیسے اچھے شعر لکھے ہیں دیکھو تو

یہ عالم ہے کہ اب کوئی بدن باسی نہیں لگتا
نیا موسم، نئی آب و ہوا اچھی لگی ہم کو

مگر انہیں معلوم ہے کہ عالم سرشاری کبھی مستقل نہیں ہوتا اور زندگی زیادہ تر اس عالم کو نہ چھوتے ہوئے گزرتی ہے۔ افتخار عارف ایسے میں محض غیر منسلکانہ رویہ اختیار کر کے گزر جاتے ہیں اور ذہن کو متواتر تلخی اور کسک کا شکار ہونے نہیں دیتے۔

بس ایک شام سے آواز تھی، ہجر کی شام
پھر اس کے بعد اسے عمر بھر پکارا نہیں

افتخار عارف خود کو دیگر لوگوں سے کچھ مختلف نہیں سمجھتے۔ وہ بھی ایک عام انسان ہی کی طرح حالات کا شکار ہو جاتے ہیں اور موقع بہ موقع ان کا احساس ویسا ہی ردعمل اختیار کرتا ہے جیسا دوسرے اختیار کرتے ہیں۔ ہاں اس احساس کو وہ ایک لطیف رنگ دے کر اپنا خاص احساس بنا لیتے ہیں اور وہ عمومی احساس سے مختلف ہو جاتا ہے۔ یہ گریز سالمیت کے لئے بہت ضروری ہے اور وہ اس سالمیت ہی کو ڈھونڈتے ہیں۔

ہے بازاروں میں پانی سر سے اونچا
مرے گھر میں بھی طغیانی بہت ہے

ہمیں بھی عافیت جاں کا ہے خیال بہت
ہمیں بھی حلقۂ نامعتبر میں رکھا جائے

کبھی وہ کسی انہونی کا احساس پیشگی کر لیتے ہیں اور ان کا مہین ذکر کر کے چپ بھی ہو جاتے ہیں۔

نہ جانے کب مرے صحرا میں آئے
وہ اک دریا کہ طوفانی بہت ہے

نہ جانے کب مرے آنگن میں برسے
وہ اک بادل کہ نقصانی بہت ہے

پاکستان کی عصری غزل اپنے نگار خانے میں طرح طرح کی مورتیاں سجاتی ہے اور افتخار عارف اس نگار خانے میں ایک الگ گوشہ بنا کر وہاں ان مورتیوں کو معکوس کرنے کے لیے ایک آئینہ سجاتے ہیں اور اس آئینہ کو سجانے میں جو انہماک وہ دکھاتے ہیں وہ مورتیوں کی تراش سے کہیں زیادہ ہیں۔ جب وہ اس آئینہ پر پڑا پردہ اٹھاتے ہیں تو ان مورتیوں کا عکس ان کے آئینے میں نئی رنگ آمیزی کے ساتھ ابھر تا ہے اور یہی نئی رنگ آمیزی ان کے اظہار اسلوب اور لہجہ کا نام دھارتی ہے۔ ہر رنگ میں ان کی چندہ لفظیات کی کنارہ کشی ہوتی ہے اور موضوع ایک پیکری خاکہ میں ٹھیک ٹھیک بیٹھ جاتا ہے اور مورتی مسکرا اٹھتی ہے۔ یہ عمل مصوری سے بھی زیادہ مہین اور لطیف ہے۔

کیسے کیسے خواب سجے ہیں دیکھو تو
آنکھوں میں کچھ رنگ نئے ہیں دیکھو تو

وہ خواب دیکھے تو دیکھے مرے حوالے سے
مرے خیال کے سب منظروں کا ساتھی ہو

شعرا کے ہاں غموں کی قسمیں طے پاتی ہیں۔ مگر سب کے ہاں ایک غم مشترک ہے اور اسی کو لے کر وہ اپنی ذات کی پہچان کراتے ہیں۔ وہ منواتے ہیں کہ کہاں تک وہ اس غم میں کھرے اترے اور کہاں تک وہ غم زمانے کے تمام تشدد پر بھاری رہا۔ افتخار عارف بھی ان عام شاعرانہ روشوں سے گزرنے کی کوشش کرتے ہیں وہ جب اس روش سے گزرتے ہیں تو کیا اور کیسا محسوس کرتے ہیں وہ بس ان کے اظہار کی ندرت میں مضمر ہے۔

ہم تو دیوانے ہیں رمزیں نہ کنایہ جانیں
جُز غم عشق ہر اک زخم کو مایا جانیں

بعض جگہ نئے انداز سے پرانی باتوں کا اعادہ ضرور لگتا ہے مگر اس دعوے میں بھی نیا پن کس قدر ہے اس کو صرف افتخار عارف ہی ثابت کر سکتے ہیں۔

وہی شجر بجھا جس کی لَو قیامت تھی
اسی پہ ضرب پڑی جو شجر پرانا تھا

یہ بستی جانی پہچانی بہت ہے
یہاں وعدوں کی ارزانی بہت ہے

اور پھر یوں ہوا کہ ٹوٹ گیا
وہ جو اک رشتۂ محبت تھا

ہوا بھی ہو گئی میثاق تیر گی میں فریق
کوئی چراغ نہ اب رہگزر میں رکھا جائے

مذکورہ بالا اشعار میں مضامین گو کہ مستعار لگتے ہیں مگر اظہار مستعار نہیں وہ خاص الخاص افتخار عارف کا اظہار و اسلوب ہے۔ یہی اسلوب اور اظہار ان کی تمام غزلوں میں قاری کو چونکا دیتا ہے۔ سادگیٔ اظہار کے باوجود اس میں ندرتِ اظہار صاف پھوٹ پڑتی ہے اس میں افتخار کا ایک ایقان بالکل درست اور بجاہے وہ یہ کہ سہل انگاری سے دل پر کسی طرح کا منفی اثر نہیں پڑتا۔ وہ کہتے ہیں۔

سبھی کو سہل انگاری ہنر لگنے لگتی ہے
سروں پر اب غبار رہگزر شاید نہ آئے

افتخار عارف کی غزلوں میں ہمیں بے شمار رنگ اور متبدل لفظیات ملتی ہیں کہیں بھی ہمیں ایک ساڈھب اور اکتا دینے والی اظہاراتی روش نہیں ملتی۔ ایک ہی غزل میں کسی شعر میں اضافات سے کام لیتے ہیں تو کہیں نہیں۔ روایتی غزلوں کے ریڈی میڈ فقرے بھی ملتے ہیں اور اپنی اختراعات ہی سے مطمئن نظر آتے ہیں اس سے یہ پتہ چلتا ہے کہ سفر میں بارہا طے کردہ راہوں کے مناظر سے جس طرح شناسائی ہو جاتی ہے اسی طرح غزل کے سفر کا پورا منظر نامہ ان کے روبرو ہے اور وہ اظہار کے وقت مانوس منظروں سے لطف اٹھاتے ہوئے گزر جاتے ہیں۔ ذیل کے اشعار میں ہمیں ان کی اختراعی شان بھی ملتی ہے اور مستعارانہ جرات بھی۔

قبائے زرد نگار خزاں پہ سجتی تھی
تبھی تو چال کا انداز خسروانہ تھا

اس باری تو چاند کے اجلے ماتھے پر
ہم دونوں کے نام لکھے ہیں دیکھو تو

میں وہ ہوں کہ میرے چہار سمت غنیم اور
مجھے اعتبار یسار کا نہ یمین کا

مذکورہ بالا اشعار میں کتنے رنگ اور کتنی اظہاراتی روشیں ہیں!! افتخار عارف ایک ہی لہجے سے جلد اُوب جاتے ہیں اور فوری طور پر اس کو بدل دیتے ہیں گویا ایک ہی شاخ پر مختلف رنگ روپ اور خوشبو کے پھول اگانا انہیں اچھا لگتا ہے۔ اس کے لیے غزل ہی کا فارم افتخار عارف کی شاعری کے لیے بہت موزوں ہے۔ افتخار عارف نے اپنے طور پر غزل کو مالامال کیا ہے اور غزل کو انہوں نے ایک چاہی جانے والی صنف بنا کر اسے نکھارا ہے۔ افتخار عارف کی غزل میں بلا کی ندرت اور تازگی ہے اور یہ تازگی اردو غزلوں میں ہمیشہ قائم و دائم رہے گی جب تک افتخار عارف کی غزلیں پڑھی اور دہرائی جاتی رہیں گی۔

✽ ✽ ✽

اردو تنقید کے موضوع پر یادگار مقالہ

تنقید اور ادبی تنقید

مصنف: کلیم الدین احمد

بین الاقوامی ایڈیشن منظر عام پر آچکا ہے